NOTICE

DES

ANTIQUITÉS

ÉGYPTIENNES, PERSANES,

GRECQUES, ROMAINES ET ARABES.

IMP. D'HIP. TILLIARD, RUE DE LA HARPE N. 88.

NOTICE

DES

ANTIQUITÉS

EGYPTIENNES, PERSANES,

GRECQUES,

ROMAINES ET ARABES;

ARMES ET PORCELAINES ORIENTALES, ETC.;

FORMANT LA COLLECTION DE M. E. G.

Ex-Directeur des Manufactures d'Indienne, du Vice-Roi d'Egypte.

PAR J. J. DUBOIS.

LA VENTE DE CETTE COLLECTION SE FERA HÔTEL DES COMMISSAIRES-PRISEURS, SALLE No 2, PLACE DE LA BOURSE, LES 23, 24 ET 25 JUIN 1834, DE MIDI PRÉCIS A QUATRE HEURES DE RELEVÉE; L'EXPOSITION PUBLIQUE AURA LIÉU AUX MÊMES HEURES, LE DIMANCHE 22 DU MÊME MOIS.

LA PRÉSENTE NOTICE SE DISTRIBUE

Chez
{
M. BONNEFONS DE LA VIALLE, Commissaire-Priseur rue de Choiseul, n. 11;
M. DUBOIS, rue de Savoie-St.-André-des-Arcs, n. 4
}

—

Paris. 1834.

AVERTISSEMENT.

Cette collection étant presque entièrement
composée d'antiquités dont l'exportation est au-
jourd'hui rigoureusement défendue par le vice-
roi d'Egypte, on a lieu d'espérer que le public
instruit appréciera ensemble la haute impor-
tance des objets qui lui seront présentés, et les
sacrifices qu'il a fallu faire pour opérer leur trans-
lation en France.

Des circonstances particulières ayant exigé la
réduction de la plupart des développements que
devait recevoir la présente notice, nous avons

l'espoir que les lumières de **MM.** les amateurs suppléeront facilement à ce laconisme involontaire, et qu'en partageant notre sincère admiration pour quelques monuments d'un ordre supérieur, ils voudront bien excuser d'ailleurs l'insuffisance de nos descriptions.

Indépendamment de quelques morceaux tout-à-fait dignes d'honorer les plus beaux Musées de l'Europe, la collection de **M. E. G.** contient beaucoup de vases, de figurines, de bijoux, d'amulettes et de pierres gravées, qui appartiennent, les unes à la vieille Egypte des Pharaons, et les autres à ses oppresseurs Perses, Grecs, Romains et Arabes. Chacune de ces séries présentant le caractère et le genre de curiosité qui lui est propre, forme, pour ainsi dire, une des pages de l'histoire artistique de cette belle et malheureuse contrée, pendant un espace de temps qu'on ne peut guère évaluer à moins de deux mille cinq cents ans.

vj

D'excellentes armes orientales richement ornées ; des porcelaines, et d'autres productions de genres variés , compléteront cette vente qui doit intéresser vivement les archéologues et même les simples curieux.

Nota. Le Sarcophage de Basalte , décrit sous le n° 167 , ne pouvant être transporté dans la salle de vente , nous avons l'honneur de prévenir le public, qu'il sera déposé dans la cour, et que son adjudication aura lieu le mardi 23 juin, à trois heures de l'après-midi.

NOTICE

DES

ANTIQUITÉS

ÉGYPTIENNES, GRECQUES, ROMAINES ET ARABES,

ARMES ET PORCELAINES ORIENTALES, etc.

OBJETS RELIGIEUX.

1. Figurine en terre cuite. — Djôm *demiurge* armé d'un glaive et d'un bouclier.
2. Figurine en bois. — Djôm debout.
3. Amulette en lapis-lazuli. — Phtha debout.
4. Figurine en terre émaillée. Phtha *patœque* debout, et accompagné de légendes hiéroglyphiques.
5. Fragment d'une statue en calcaire. Tête d'Hathor *Boucéphale.*
6. Figurine en terre émaillée. — La déesse Basch, assise, et accompagnée d'une légende hiéroglyphique.

7. Forte bague, ou sceau, en or : sur son chaton est gravée la figure de THAOERI.

8. Figurine en cornaline. — Un hippopotame : sous sa base est gravée la figure de THAOERI.

9. Figurine en or repoussé. — THAOERI debout et la tête surmontée d'un disque.

10. Figurine en bronze. — HORUS à demi-assis.

11. Figurine en bronze. — HORUS debout.

12. Figurine en bronze. — HORUS debout et coiffé du *Pschent*.

13. Figurine en terre émaillée. — Une chatte, image symbolique de BUBASTIS. Sur sa plinthe, qui est fracturée, sont tracées des légendes hiéroglyphiques.

14. Figurine en serpentine. — Le cynocéphale de KHONS.

15. Une ægide ornée de la tête d'HARSIÉSI.

16. Forme de vase, amulette en spath vert. — Sur l'une de ses faces est gravé l'oiseau BEL.

17. Forme de vase, amulette en serpentine. — Sur l'une de ses faces est l'oiseau BEL, formé par une applique en or : au revers, sont gravées quatre lignes d'hiéroglyphes.

18. Spath ponctué. — Amulette en forme de vase : Son revers est orné de cinq lignes d'hiéroglyphes.

19. Terre et pierre émaillée. — Soixante et dix-neuf scarabées, présentant la plupart des sujets religieux.

20. Bronze. — Soixante et dix - neuf pièces diverses : figurines représentant des divinités : manches de sistres, etc.

21. Terre émaillée. — Cent vingt - cinq amulettes, la plupart ornées de légendes religieuses.

22. Stéatite verte. — Une grenouille de forte proportion.

23. Argent. — Cinq bagues dont les chatons sont ornés de sujets religieux.

24 Bronze. — le poisson *Latus*.

25. Or pâle. — Bague dont le chaton est formé par un œil.

26. Bronze. — Petit seau, ou *van*, entouré d'un bas-relief représentant un sujet religieux.

27. Trente amulettes en cornaline, lapis, etc.

28. Amulette en forme de colonne, portant une légende hiéroglyphique.

29. Sept amulettes en lapis, cornaline, et autres belles matières, avec sertissures en or.

30. Vingt-trois amulettes et autres pièces, en cornaline, émail, spath vert, etc.

31. Vingt-trois amulettes diverses, en pâte d'émail et terre émaillée.

32. Email : huit pièces, dont une forme canopique, etc.

33. Cornaline, jaspe olive, agate, etc. — Huit amulettes chargées de légendes diverses.

34. Lapis-lazuli, amulette de forme carrée, ornée d'un œil et d'une légende.

(4)

35. Quatre scarabées et quinze amulettes.

36. Un scarabée sans gravure et deux chevets.

37. Améthyste. — Un scarabée portant une légende hiéroglyphique.

38. Cornaline , émail , etc. — Quatre scarabées et un œil, amulettes montées en or.

39. Albâtre calcaire. — Buste de Jupiter Sérapis. (Travail grec.)

40. Albâtre calcaire. — Buste d'Isis. (Travail grec.)

MONUMENTS ROYAUX.

41. Spath vert. — Vase de forme ovoïde et dont le haut est détruit ; sur l'une de ses faces est gravée avec beaucoup de finesse la légende complète du Pharaon Aménoftèp Ier, (Aménophis I) chef de la XVIIIe dynastie *.

42. Terre émaillée. — Amulette représentant une sauterelle. Sous sa base est gravé le prénom d'Aménoftèp.

43. Albâtre calcaire. — Vase de forme globuleuse et dont le goulot est détruit. Sur l'une de ses faces est gravée la légende complette

---

* Seconde ligne et douzième prénom de la table dynastique d'Abydos. Le règne d'Aménoftèp appartient au 19e siècle avant J.-C.

du Pharaon Thoutmosis III (Mœris), de la XVIIIe dynastie *.

44. Argent. — Bague dont le chaton est orné du prénom de Mœris, et d'une légende hiéroglyphique.

45. Or.—Sceau de forme rectangulaire, gravé sur ses quatre faces, et monté en chaton tournant sur un grand anneau à renflement.

Sur l'une de ses grandes faces est gravé le prénom du Pharaon Horus, neuvième roi de la XVIIIe dynastie **. Au revers est figuré un lion passant. Les tranches latérales sont occupées par un crocodile et un scorpion.

Ce bijou unique, qui réunit à une très grande beauté d'art et de matière, tout l'intérêt historique que l'on peut désirer, a été découvert par un Arabe sous les ruines d'un édifice élevé par le roi Horus dans le voisinage de la ville de Thèbes.

Poids, 3 onces, 9 gros, 18 grains.

46. Scarabée en cornaline. — Sous sa base est

---

* Seconde ligne et neuvième prénom de la table d'Abydos. L'existence de ce roi remonte au 18e siècle avant J. C.

** Seconde ligne et cinquième prénom de la table d'Abydos. Horus régnait vers l'an 1650, avant J.-C.

(6)

gravé le prénom du Pharaon Rhamsès III (Sésostris) de la XVIIIe dynastie *.

47. Scarabée en cornaline, monté en or. — Prénom du même Pharaon.

48. Cornaline brûlée. — Amulette de forme rectangulaire, montée en bague. — Prénom du même.

49. Scarabée en améthyste. —Un Sphinx royal passant sur un Africain renversé. Au-dessus on lit : *le vivant et bienfaisant Seigneur du monde.*

50. Plaque émaillée. — Prénom du Pharaon Psammétichus II, de la XXVIe dynastie Saïte **.

51. Matières diverses. — Vingt-deux scarabées et autres amulettes, portant des légendes royales.

OBJETS DESTINÉS AUX USAGES DE LA VIE CIVILE.

52. Jonc. — Une paire de sandales parfaitement tressées.

53. Papyrus. — autre paire de sandales, également bien tressées.

---

* Cartouches intermédiaires de la troisième ligne de la table d'Abydos. Sésostris florissait dans le 16e siècle avant J.-C.

** Ce roi vivait dans le cours du 7e siècle avant J.-C.

54. Laine teinte en couleur violacée. — Une paire de chaussettes exécutées en *tricot-tulle*.

55. Terre de diverses qualités. — Trente et un vases de formes variées.

56. Terre émaillée. — Une espèce de petite gourde, ornée d'une légende hiéroglyphique.

57. Pâte d'émail. — Grand vase de forme allongée, et garni d'un collet.

58. Serpentine. — Vase à une anse et à couvercle plat.

59. Albâtre calcaire. — Vase à une anse, offrant la forme de Thaoéri à tête humaine.

60. Albâtre calcaire. — Vase de forme globuleuse et à couvercle, garni de deux anses relevées.

61. Albâtre calcaire. — Vase de forme ovoïde et à couvercle plat.

62. Albâtre calcaire. — Vase de forme ovoïde, à deux anses, et supporté par un piédouche.

63. Albâtre calcaire. — Vase de même forme, mais plus petit que le précédent.

64. Albâtre calcaire. — Vase à col et de forme globuleuse.

65. Albâtre calcaire. — Vase de forme ovoïde, garni de deux espèces d'anneaux relevés et taillés dans la masse.

66. Albâtre calcaire. — Vase en forme de *koulé*, dont l'avant est orné d'une espèce de collier

composé de sculptures , représentant des fleurs de lotus.

67. Bois. — Offertoir à parfums. — Cet objet est formé par la moitié d'une coquille bivalve tenue par une main , dont le bras se termine du côte opposé par la tête d'un canard.

68. Bois. — Offertoir représentant la figure d'un esclave barbu et vêtu de long, portant un vase sur l'épaule gauche. Ce personnage offre l'identité la plus parfaite avec l'un des captifs figurés dans le tombeau de Ménephtha I , à Thèbes.

69. Bois. — Offertoir représentant une femme couchée à plat et les bras alongés, soutenant une coupe en forme de cartouche, décoré de trois poissons (détails coloriés).

70. Bois. — Offertoir représentant une femme couchée à plat, et dont les bras alongés soutiennent une boîte en forme de canard.

71. Bois. — Offertoir composé d'une coupe en forme de cartouche, soutenue par un manche terminé d'un côté en chapiteau de colonne, et de l'autre par la tête d'une oie.

72. Bois. — Offertoir dont la coupe de forme ovale est supportée par une femme nue, portant sur sa tête une touffe de lotus, et qui tient suspendus à ses bras trois canards , et des fruits du lotus.

73. Bois. — Une boîte à coulisse et de forme hémisphérique, chargée d'un ornement gravé. L'intérieur de cette boîte est partagé en cinq compartiments qui paraissent avoir contenu des gommes odorantes.

74. Bois. — Une boîte de forme ronde, et dont les faces opposées sont ornées de compositions gravées au trait.

75. Ivoire. — Petite boîte en forme de nacelle et à couvercle tournant. Son avant est décoré d'une tête de gazelle sculptée de ronde bosse.

76. Bois. — Petite boîte à parfums, formée par un homme qui porte un veau.

77. Bois. — Deux étuis à collyre, dont l'ensemble représente la figure du dieu *Djôm*.

78. Terre émaillée. — Étui à collyre représentant *Djôm* debout. Cet objet est émaillé en blanc, avec détails de couleur violacée.

79. Bronze. — Un miroir avec son manche en bois.

80. Or. — Une paire de petites boucles d'oreilles.

81. Une paire de boucles d'oreilles, en forme des tubes exécutés en feuilles d'or.

82. Or. — Une paire de grandes boucles d'oreilles montées à jour, et enrichies de grenats.

83. Or. — Une paire de boucles d'oreilles, ornées de têtes d'antilopes.

84. Or. — Une paire de boucles d'oreilles , de travail grec ou romain.

85. Or pâle repoussé. — Une paire de boucles d'oreilles , avec ornements en travail de *grain*.

86. Or. — Une paire de boucles d'oreilles , dont les pendants sont formés de grappes de raisin.

87. Or. — Deux boucles d'oreilles de formes différentes , et qui sont enrichies de perles.

88. Or. — Une boucle d'oreille en repoussé.

89. Or. — Une boucle d'oreille , une *œgide* et deux amulettes.

90. Or. — Bague dont le chaton est orné de cinq hiéroglyphes parfaitement gravés.

91. Or. — Quatre anneaux, dont l'un porte une grenouille en chaton.

92. Or. — Bague composée de la réunion de trois anneaux soudés ensemble, et dont les chatons sont formés de pierres diverses.

93. Or. — Trois bagues portant des inscriptions grecques sur leurs chatons.

94. Or. — Un collier composé d'annelets.

95. Cornaline et émail. — Un collier à cinq rangs, avec fermeture en ivoire.

96. Or émaillé. — Une fleur de lotus, débris d'un ornement plus considérable.

97. Cornaline. — Soixante et deux perles lenticulaires qui fermaient un collier.

98. Bronze. — Un sceau dont la gravure présente des formes symboliques.

99. Or. — Un sceau représentant une femme debout, appuyée sur un cippe, et devant une grande palme. Travail romain de très basse époque,

100. Bronze. — Quatre poids qui paraissent être la plupart de fabrique grecque.

101. Serpentine. — Une palette à deux augettes, et dont les côtés sont chargés de belles légendes hiéroglyphiques.

102. Bois. — Une palette dans laquelle était encastré un cartouche royal.

103. Bronze. — Vingt pièces diverses : figurines, aiguilles, cuillères, pointes de dards, etc.

104. Bronze. — Un couteau dont la lame, en forme de harpe, porte une inscription hiéroglyphique.

Le manche de cet instrument est terminé près de sa jonction avec la lame par un schakal couché, et son extrémité contraire présente une fleur de lotus à demi épanouie.

La conservation de cet objet encore unique dans les collections égyptiennes, ne laisse rien à désirer.

105. Bronze. — Un poignard à lame droite et à deux tranchants, monté sur un manche en bois de Palissandre, et garni d'une monture également en bronze faisant corps avec la lame.

Cette arme, dont la conservation est parfaite, est seulement la seconde de ce genre, qui nous soit connue.

106. Cornaline, agate blanche, jaspe et spath vert. — Vingt-neuf pièces : boucles d'oreilles, figurines et amulettes.

107. Cornaline, ivoire et terre émaillée. — Une bague et cinq amulettes de formes différentes.

108. Stéatite blonde. — Un vase de forme ronde, et qui est évidé avec une finesse remarquable.

109. Terre émaillée. — Scarabée serti en or, et monté à chaton tournant sur un anneau d'argent. Sous sa base est gravé un groupe d'hiéroglyphes.

110. Cuivre doré. — Un anneau dont le chaton est gravé.

OBJETS FUNÉRAIRES.

111. Serpentine dure. — Amulette en forme de vase aplati ; au revers sont gravées douze lignes d'hiéroglyphes.

112. Serpentine. Scarabée portant dix lignes d'hiéroglyphes.

113. Serpentine dure. — Scarabée conservant des traces de dorure, et portant dix lignes d'hiéroglyphes.

114. Serpentine dure. — Scarabée portant dix lignes d'hiéroglyphes.

(13)

115. Spath ponctué. — Scarabée orné d'une légende en avant de sa tête, et dont le dessous est chargé de dix lignes d'hiéroglyphes.

116. Spath-vert ponctué. — Scarabée portant
dix lignes d'hiéroglyphes.

117. Jaspe vert. — Scarabée portant dix lignes
d'hiéroglyphes.

118. Basalte olive. — Scarabée portant dix lignes d'hiéroglyphes.

119. Serpentine dure. — Scarabée dont le cor-
selet et les élytres sont entourés d'une
feuille d'or. Sous sa base sont gravées dix
lignes d'hiéroglyphes.

120. Jaspe vert. — Scarabée portant dix lignes
d'hiéroglyphes.

121. Serpentine grise. — Scarabée portant neuf
lignes d'hiéroglyphes.

122. Terre émaillée en bleu. — Scarabée dont
le dessus est orné de deux formes symboliques de l'ame, et d'une légende hiéroglyphique. Sur la partie plate est gravée une
inscription composée de sept lignes.

123. Serpentine. — Scarabée dont les élytres
sont ornées de deux figures, et le dessous
de sept lignes d'hiéroglyphes.

124. Schiste émaillé. — Scarabée dont les élytres
sont décorées de la figure d'Osiris, de celle
de l'oiseau bel, et d'une légende hiéroglyphique. Sous sa base sont gravées sept lignes
de caractères semblables.

125. Spath vert. — Scarabée portant quatre lignes.

126. Matières diverses. — Six scarabées, dont quatre portent des légendes. ·

127. Serpentine. — Partie détachée d'un pectoral chargé de dix lignes d'hiéroglyphes.

128. Schiste dur incrusté en émail. — Pectoral dont une face représente un *Naos* sous lequel on voit le Scarabée placé entre Isis et Nephthys. Au revers, Osiris également placé sous un *Naos*, reçoit les actes d'adoration d'un défunt.

129. Serpentine. — Pectoral dont le centre est occupé par le Scarabée en relief placé sous un *Naos*. Au revers sont gravées des légendes.

130. Granit noir. — Statue funéraire représentant un personnage assis à terre, et dont l'avant présente les figures d'Osiris, d'Isis et d'Horus. Sur l'arrière est gravée une colonne d'hiéroglyphes. Ses côtés présentent à la file, Ammon *générateur*, Saté, Neith et Thaoeri.

131. Serpentine. — Petit monument funéraire représentant deux époux couchés sur un lit dont les extrémités sont ornées des figures d'Isis et de Nephthys. Sur la poitrine du mari, se repose la forme symbolique de l'ame.

132. Serpentine. — Momie couchée sur un lit dont Isis et Nephthys gardent les extrémités. Sur son côté gauche est placée la forme symbolique de l'ame.

Ce petit monument repose sur une plinthe en albâtre calcaire.

133. Calcaire peint. — Lit funéraire sur lequel repose une femme, la tête appuyée sur un coussin, et pressant contre elle un enfant qu'elle nourrit.

134. Roche ollaire. — Momie d'homme étendu sur un lit. A sa gauche s'avance et se pose sur elle la forme symbolique de l'ame.

135. Terre émaillée de couleur glauque — Figure funéraire ornée d'une colonne d'hiéroglyphes, peints en brun.

136. Albâtre calcaire. — Figure funéraire d'un homme dont la poitrine est chargée de la forme symbolique de l'ame, et le vêtement orné de quatre colonnes d'hiéroglyphes.

137. Serpentine.—Figure funéraire dont le vêtement est chargé de trois lignes d'hiéroglyphes.

138. Serpentine brûlée. — Figure funéraire portant six lignes d'hiéroglyphes.

139. Serpentine. — Figure funéraire décorée de six lignes d'hiéroglyphes.

140. Serpentine. — Figurine portant sept lignes d'hiéroglyphes.

141. Serpentine et pierre émaillée. — Douze figures funéraires.

142. Granit, albâtre, serpentine et calcaire. — Dix figures chargées de légendes.

143. Ebène et autres bois. — Dix figures funéraires portant des légendes.

144. Bois. — Cinq figures, en partie coloriées.

145. Terre et pierre émaillée. — Soixante figures d'un travail plus ou moins fin, portant toutes des légendes hiéroglyphiques.

146. Calcaire. — Monument funéraire en forme de pyramide. Sur deux de ses faces opposées sont sculptées des portes sous lesquelles se voient des figures en adoration. Le reste du monument et couvert de figures divines et d'inscriptions.

147. Calcaire. — Huit stèles funéraires, dont sept représentent des actes d'adoration à Osiris. Ces divers monuments sont en outre couverts de légendes hiéroglyphiques.

148. Or repoussé. — Six amulettes funéraires représentant trois *Uræus*, le dieu Khons, Isis nourrice, et le Croissant, emblême de la lune.

149. Or repoussé. — Un scarabée.

150. Serpentine. — Forme ovale surmontée d'une tête humaine. En avant est gravée un défunt faisant son oblation à Osiris.

151. Lapis - lazuli. — Forme ovale surmonté

d'un buste humain. Cet objet est décoré d'une légende.

152. Emaux variés. — Neuf anneaux dont les chatons sont ornés de divers symboles.

153. Matières dures et émaux colorés. — Quatre-vingt-sept amulettes offrant des formes variées.

154. Matières diverses.—Quinze petits scarabées portant des gravures.

155. Verre bleu, couleur du turquoise. — scarabée orné d'un groupe d'hiéroglyphes.

156. Turquoise. — Un scarabée sans gravure.

157. Cornaline, Jaspe, etc. — Six scarabées portant des gravures.

158. Hématite, terre émaillée, etc. — Quarante-quatre objets divers, la plupart trouvés dans des tombeaux.

159. Matières diverses. — Quinze scarabées sans gravure.

160. Email et terre cuite. —Sept autres pièces de formes variées.

161. Bois. — Chevet funéraire, portant deux colonnes d'hiéroglyphes.

162. Albâtre calcaire.—Quatre vases funéraires, nommés improprement *Canopes*. Ces vases décorés d'inscriptions hiéroglyphiques, sont surmontés de têtes humaines qui représentent

(18)

celles des divers génies de l'*amenti* ou l'enfer
égyptien (1).

163. Albâtre calcaire. — Deux vases de même
forme et qui sont également surmontés de
têtes humaines. Ces deux vases appartiennent
à une même suite.

164. Trois mains de momies.

165. Granit noir. — Partie tranchée formant le
dessous des pieds d'une belle caisse funéraire. On y voit, sculptées, un assez grand
nombre de formes symboliques, et particu-
lièrement la figure d'Isis et des légendes hiéroglyphiques.

166. Bois de couleur brune. —Coudée royale ou
sacrée, composée de la coudée naturelle de
six palmes ou vingt-quatre doigts, plus un
palme.

Les quinze derniers doigts, comptés de
droite à gauche, y sont divisés ; le premier
en deux parties ; le second en trois ; le troisième en quatre, et ainsi de suite jusqu'au
quinzième qui se subdivise en seize parties.
Ces diverses fractions sont accompagnées de
signes numériques égyptiens qui expriment
leur nombre.

---

* Sous chacune de ces têtes est gravé le nom du dieu
qu'elle représente.

Les autres faces de ce monument précieux sont chargées de signes indiquant ses divisions par doigts et par empans; des noms des divinités qui paraissent avoir été appliqués à chacune des sections digitales, et enfin d'une longue inscription funéraire exécutée, comme le reste, en traits gravés et remplis d'un mastic blanc (*).

Longueur de la coudée 521 millimètres.

167. Basalte vert du grain le plus fin. — Cercueil de femme, divisé en deux parties, dont la supérieure présente une espèce de momie, chargée de sculptures qui offrent les objets suivants :

Claft (ou coiffure)—disque ailé, scarabée, scènes mystiques et légendes hiéroglyphiques.

Poitrine. — Momie étendue sur un lit en forme de lion, et qui recouvre quatre vases

---

* On devra consulter sur la métrologie égyptienne, les travaux de MM. Girard, Jomard, Champollion-Figeac, Sagey, Balbo, et autres savants français et étrangers, qui se sont occupés de ce genre de recherches. Le nombre des coudées connues ne s'élève encore qu'à quatre, qui sont conservées dans les musées du Louvre, de Turin, de Berlin et de Leyde. Le fragment d'un objet de ce genre appartient au Cabinet des Antiques de la Bibliothèque Royale, à Paris.

funéraires. Vers les extrémités du lit s'a-
vancent, d'un côté, Isis, précédant *Amsèt*
et *Satmauf*, et de l'autre, Nephthys mar-
chant en avant de Hapi et de *Kebsniv*. Cette
scène est dominée par la forme symbolique
de l'ame, placée sous le disque de Thoth,
et par plusieurs lignes d'hiéroglyphes.

Premier registre sculpté au-dessous du
sujet précédent.—Le jeune Phré, au milieu
d'Isis, de Nephthys, de Thoth, d'Horus,
et de deux formes symboliques de l'ame.

Second registre. — Netphé *ptérophore*,
agenouillée entre deux momies couchées à
plat sur la terre, et qui sont accompagnées
chacune de la forme symbolique de l'ame.

Troisième registre.—L'ame de la défunte
adorant Phré, Atmou, Tméï, Basch et Sèb.

Quatrième registre. — La défunte en adoration devant Hobs, Isis, Nephthys,
Onouris et Netphé.

Cinquième registre.—La défunte couchée
au-dessus d'un schakal, et entre deux divinités gardiennes.

Sixième registre, Couvrant les pieds. —
le *Nilomètre* mitré, entre deux schakals, et
recouvert par un disque ailé.

Ce monument, le plus beau et le mieux
conservé parmi ceux de cette forme qui
nous sont connus, est en outre chargé d'au-

tres sculptures, que les bornes de cette notice ne nous permettent point de décrire. Nous devons ajouter que les longues légendes qui le recouvrent en grande partie, sont gravées avec une pureté qui ne céderait point au travail le plus soigné d'un graveur en pierres fines.

H. 5 pieds 8 pouces et demi ; largeur 2 pieds.

168. Une momie de femme, contenue dans sa caisse peinte et couverte d'une quantité prodigieuse de sujets mystiques.

169. Une momie enveloppée de ses langes.

MÉLANGES.

170. Granit noir et gris. — Tête d'homme, de travail égyptien : fragment d'une statue.

171. Agate et sardoine. — Quatre amulettes persanes.

172. Hématite. — Quatre amulettes en forme de chevets.

173. Terre émaillée. — Trois figurines spintriennes.

174. Deux cailloux en silex, ayant chacun une face couverte d'une inscription hiératique parfaitement écrite.

175. Granit noir. — Tête d'un homme imberbe et d'un âge assez avancé. Débris d'une statue romaine.

176. Terre cuite. —Une espèce de *Djóm*, se tenant les côtés de la bouche, et rejetant ses jambes en arrière.

177. Sardonyx. — Amulette formée par la réunion d'un masque humain, avec les têtes d'un bélier et d'un lion.

178. Sardonyx. — Un petit buste de femme à demi-voilée.

179. Matières diverses. — Un camée et douze intailles, parmi lesquelles se trouvent plusieurs abraxas.

180. Cornaline, sardonyx, jaspe olive et hématite. — Six intailles, portant des inscriptions cufiques.

181. Verre. — Six monnaies ou tessères arabes, portant des légendes en caractères cufiques.

182. Argent. — Anneau orné de bossettes; fabrique du Sennaar.

183. Argent. — Un grand collier de femme, ouvrage exécuté en torsade; fabrique arabe.

184. Albâtre gypseux.—Bas-relief, représentant l'adoration des bergers.

185. Porcelaine du Japon. — Cinq tasses à café, garnies de leurs soucoupes, et qui sont élevées sur des supports en argent. — Le support de la sixième tasse qui est brisé.

186. Deux vases en porcelaine du Japon, forme quadrangulaire, ornés de cartouches, contenant des scènes diverses. Détails dorés.

187. Carabine d'une très forte proportion , et garnie d'une grande visière forgée en damas relief comme le canon, qui , en outre, présente des inscriptions et ornements en or. Cette arme destinée à la chasse de l'hippopotame, est enrichie d'une forte lumière en or. Ses capucines et autres détails de sa monture sont ornés de détails en argent. Le tout est monté sur bois d'érable et de noyer.

188. Un canon de fusil, en damas-relief, avec incrustations en or.

189. Sabre persan , dont la lame est en beau damas noir, la poignée en corne de rhinocéros, et la garde, ainsi que la garniture du fourreau , en damas incrusté d'inscriptions, et d'ornements incrustés en or. Cette arme est suspendue à un cordon de soie ponceau et or.

190. Grand couteau en damas noir avec ornements en or, et manche en corne de rhinocéros.

191. Couteau en damas noir , dont la lame à nervures , offre de plus des ornements relevés en or. Son manche , enrichi de quatre petits rubis, est formé d'ivoire de narwal.

192. Damas blanc; Lame Syrienne, montée sur une poignée en corne de rhinocéros. Monture ornée de repoussés en argent.

193. Les objets non décrits dans cette notice, seront annoncés et vendus sous ce numéro